My Amazing New Beginning
90 Day Planner

YEARLY
OVERVIEW

YEAR	

JANUARY	FEBRUARY	MARCH

APRIL	MAY	JUNE

JULY	AUGUST	SEPTEMBER

OCTOBER	NOVEMBER	DECEMBER

VISION MAPPING

START DATE

CATEGORY	30 DAYS	60 DAYS	90 DAYS
HEALTH			
FAMILY			
SOCIAL			
FINANCES			
CAREER			
LIFESTYLE			

MY GOALS

TIME FRAME:

LIFESTYLE

FINANCIAL

CAREER

RELATIONSHIPS

SELF-CARE

ADVENTURE

SPIRITUALITY

HEALTH

NEW SKILLS

PROJECT PLANNER

THE PROJECT: MY WHY:

DEADLINE:

BIG STEPS   LITTLE STEPS

MILESTONE 1

MILESTONE 2

MILESTONE 3

MILESTONE 4

MONTHLY CALENDAR

MONTH

SUN	MON	TUE	WED	THU	FRI	SAT

IMPORTANT DATE	IMPORTANT DATE	IMPORTANT DATE

MONTHLY
OVERVIEW

MONTH:

S	M	T	W	T	F	S

THIS MONTH'S INSPIRATION:

GOAL:

- ■
- ■
- ■
- ■

GOAL:

- ■
- ■
- ■
- ■

GOAL:

- ■
- ■
- ■

GOAL:

- ■
- ■
- ■

HABIT
TRACKER

MONTH

	M	T	W	T	F	S	S

WEEK 1

	M	T	W	T	F	S	S

WEEK 2

	M	T	W	T	F	S	S

WEEK 3

	M	T	W	T	F	S	S

WEEK 4

FINANCIAL SNAPSHOT

JANUARY

GOAL:

REVENUE:

EXPENSES:

FEBRUARY

GOAL:

REVENUE:

EXPENSES:

MARCH

GOAL:

REVENUE:

EXPENSES:

APRIL

GOAL:

REVENUE:

EXPENSES:

MAY

GOAL:

REVENUE:

EXPENSES:

JUNE

GOAL:

REVENUE:

EXPENSES:

JULY

GOAL:

REVENUE:

EXPENSES:

AUGUST

GOAL:

REVENUE:

EXPENSES:

SEPTEMBER

GOAL:

REVENUE:

EXPENSES:

OCTOBER

GOAL:

REVENUE:

EXPENSES:

NOVEMBER

GOAL:

REVENUE:

EXPENSES:

DECEMBER

GOAL:

REVENUE:

EXPENSES:

BUDGET
TRACKER

MONTH		BUDGET GOAL	

INCOME	ESTIMATE	ACTUAL

EXPENSES	ESTIMATE	ACTUAL

REVENUE
TRACKER

 MONTH MONEY GOAL

DATE	SOURCE	DESCRIPTION	AMOUNT

EXPENSE TRACKER

MONTH		MONEY GOAL	

DATE	SOURCE	DESCRIPTION	AMOUNT

EXPENSE TRACKER

DATE	SOURCE	DESCRIPTION	AMOUNT

WEEK AT
A GLANCE

MONTH

WEEK

M	
T	
W	
T	
F	
S	
S	

GOAL 1

GOAL 2

GOAL 3

MY TO DO LIST

HEALTH & FITNESS

MY HEALTH GOAL THIS WEEK:	MONTH		WEEK	

	BREAKFAST	LUNCH	DINNER	EXERCISE	VITAMINS	WATER
SUNDAY						
MONDAY						
TUESDAY						
WEDNESDAY						
THURSDAY						
FRIDAY						
SATURDAY						

MEAL PLANNING & GROCERY LIST

SUNDAY	MONDAY	TUESDAY	WEDNESDAY	THURSDAY	FRIDAY	SATURDAY
BREAKFAST	BREAKFAST	BREAKFAST	BREAKFAST	BREAKFAST	BREAKFAST	BREAKFAST
LUNCH	LUNCH	LUNCH	LUNCH	LUNCH	LUNCH	LUNCH
DINNER	DINNER	DINNER	DINNER	DINNER	DINNER	DINNER

BAKERY	MEAT/SEAFOOD	DAIRY
FRUIT	SPICES/CONDIMENTS	FROZEN ITEMS
VEGETABLES	DELI	OTHER

LISTS

SEIZE THE DAY!

M	T	W	T	F	S	S

SCHEDULE

5 AM	
6 AM	
7 AM	
8 AM	
9 AM	
10 AM	
11 AM	
12 PM	
1 PM	
2 PM	
3 PM	
4 PM	
5 PM	
6 PM	
7 PM	
8 PM	
9 PM	

TOP 3 GOALS

TO DO

SEIZE THE DAY!

M	T	W	T	F	S	S

SCHEDULE

5 AM
6 AM
7 AM
8 AM
9 AM
10 AM
11 AM
12 PM
1 PM
2 PM
3 PM
4 PM
5 PM
6 PM
7 PM
8 PM
9 PM

TOP 3 GOALS

- ■
- ■
- ■

TO DO

- ■
- ■
- ■
- ■
- ■
- ■
- ■
- ■
- ■
- ■

SEIZE THE DAY!

| M | T | W | T | F | S | S |

SCHEDULE

| 5 AM |
| 6 AM |
| 7 AM |
| 8 AM |
| 9 AM |
| 10 AM |
| 11 AM |
| 12 PM |
| 1 PM |
| 2 PM |
| 3 PM |
| 4 PM |
| 5 PM |
| 6 PM |
| 7 PM |
| 8 PM |
| 9 PM |

TOP 3 GOALS

- [ ]
- [ ]
- [ ]

TO DO

- [ ]
- [ ]
- [ ]
- [ ]
- [ ]
- [ ]
- [ ]
- [ ]
- [ ]
- [ ]

SEIZE THE DAY!

| M | T | W | T | F | S | S |

SCHEDULE

| 5 AM |
| 6 AM |
| 7 AM |
| 8 AM |
| 9 AM |
| 10 AM |
| 11 AM |
| 12 PM |
| 1 PM |
| 2 PM |
| 3 PM |
| 4 PM |
| 5 PM |
| 6 PM |
| 7 PM |
| 8 PM |
| 9 PM |

TOP 3 GOALS

TO DO

SEIZE THE DAY!

M T W T F S S

SCHEDULE

5 AM	
6 AM	
7 AM	
8 AM	
9 AM	
10 AM	
11 AM	
12 PM	
1 PM	
2 PM	
3 PM	
4 PM	
5 PM	
6 PM	
7 PM	
8 PM	
9 PM	

TOP 3 GOALS

TO DO

SEIZE THE DAY!

| M | T | W | T | F | S | S |

SCHEDULE

| 5 AM |
| 6 AM |
| 7 AM |
| 8 AM |
| 9 AM |
| 10 AM |
| 11 AM |
| 12 PM |
| 1 PM |
| 2 PM |
| 3 PM |
| 4 PM |
| 5 PM |
| 6 PM |
| 7 PM |
| 8 PM |
| 9 PM |

TOP 3 GOALS

TO DO

SEIZE THE DAY!

M	T	W	T	F	S	S

SCHEDULE

5 A M	
6 A M	
7 A M	
8 A M	
9 A M	
10 A M	
11 A M	
12 P M	
1 P M	
2 P M	
3 P M	
4 P M	
5 P M	
6 P M	
7 P M	
8 P M	
9 P M	

TOP 3 GOALS

TO DO

WEEK AT A GLANCE

MONTH

WEEK

M

T

W

T

F

S

S

GOAL 1

GOAL 2

GOAL 3

MY TO DO LIST

HEALTH & FITNESS

MY HEALTH GOAL THIS WEEK:

MONTH

WEEK

	BREAKFAST	LUNCH	DINNER	EXERCISE	VITAMINS	WATER
SUNDAY						
MONDAY						
TUESDAY						
WEDNESDAY						
THURSDAY						
FRIDAY						
SATURDAY						

MEAL PLANNING
& GROCERY LIST

SUNDAY	MONDAY	TUESDAY	WEDNESDAY	THURSDAY	FRIDAY	SATURDAY
BREAKFAST	BREAKFAST	BREAKFAST	BREAKFAST	BREAKFAST	BREAKFAST	BREAKFAST
LUNCH	LUNCH	LUNCH	LUNCH	LUNCH	LUNCH	LUNCH
DINNER	DINNER	DINNER	DINNER	DINNER	DINNER	DINNER

BAKERY	MEAT/SEAFOOD	DAIRY
FRUIT	SPICES/CONDIMENTS	FROZEN ITEMS
VEGETABLES	DELI	OTHER

LISTS

CATEGORY:

CATEGORY:

SEIZE THE DAY!

M	T	W	T	F	S	S

SCHEDULE

5 AM
6 AM
7 AM
8 AM
9 AM
10 AM
11 AM
12 PM
1 PM
2 PM
3 PM
4 PM
5 PM
6 PM
7 PM
8 PM
9 PM

TOP 3 GOALS

TO DO

SEIZE THE DAY!

M	T	W	T	F	S	S

SCHEDULE

5 AM
6 AM
7 AM
8 AM
9 AM
10 AM
11 AM
12 PM
1 PM
2 PM
3 PM
4 PM
5 PM
6 PM
7 PM
8 PM
9 PM

TOP 3 GOALS

- ▪
- ▪
- ▪

TO DO

- ▪
- ▪
- ▪
- ▪
- ▪
- ▪
- ▪
- ▪
- ▪
- ▪

SEIZE THE DAY!

M T W T F S S

SCHEDULE

5 AM	
6 AM	
7 AM	
8 AM	
9 AM	
10 AM	
11 AM	
12 PM	
1 PM	
2 PM	
3 PM	
4 PM	
5 PM	
6 PM	
7 PM	
8 PM	
9 PM	

TOP 3 GOALS

TO DO

SEIZE THE DAY!

M	T	W	T	F	S	S

SCHEDULE

5 AM	
6 AM	
7 AM	
8 AM	
9 AM	
10 AM	
11 AM	
12 PM	
1 PM	
2 PM	
3 PM	
4 PM	
5 PM	
6 PM	
7 PM	
8 PM	
9 PM	

TOP 3 GOALS

TO DO

SEIZE THE DAY!

M	T	W	T	F	S	S

SCHEDULE

Time	
5 AM	
6 AM	
7 AM	
8 AM	
9 AM	
10 AM	
11 AM	
12 PM	
1 PM	
2 PM	
3 PM	
4 PM	
5 PM	
6 PM	
7 PM	
8 PM	
9 PM	

TOP 3 GOALS

- [ ]
- [ ]
- [ ]

TO DO

- [ ]
- [ ]
- [ ]
- [ ]
- [ ]
- [ ]
- [ ]
- [ ]
- [ ]
- [ ]

SEIZE THE DAY!

M	T	W	T	F	S	S

SCHEDULE

5 AM	
6 AM	
7 AM	
8 AM	
9 AM	
10 AM	
11 AM	
12 PM	
1 PM	
2 PM	
3 PM	
4 PM	
5 PM	
6 PM	
7 PM	
8 PM	
9 PM	

TOP 3 GOALS

- ☐
- ☐
- ☐

TO DO

- ☐
- ☐
- ☐
- ☐
- ☐
- ☐
- ☐
- ☐
- ☐
- ☐

SEIZE THE DAY!

| M | T | W | T | F | S | S |

SCHEDULE

TOP 3 GOALS

| 5 AM |
| 6 AM |
| 7 AM |
| 8 AM |
| 9 AM |
| 10 AM |
| 11 AM |
| 12 PM |
| 1 PM |
| 2 PM |
| 3 PM |
| 4 PM |
| 5 PM |
| 6 PM |
| 7 PM |
| 8 PM |
| 9 PM |

TO DO

WEEK AT A GLANCE

MONTH		WEEK	

M	

T	

W	

T	

F	

S	

S	

GOAL 1	
GOAL 2	
GOAL 3	

MY TO DO LIST

- [ ]
- [ ]
- [ ]
- [ ]
- [ ]
- [ ]
- [ ]
- [ ]
- [ ]

HEALTH & FITNESS

MY HEALTH GOAL THIS WEEK:	MONTH		WEEK	

	BREAKFAST	LUNCH	DINNER	EXERCISE	VITAMINS	WATER
SUNDAY						
MONDAY						
TUESDAY						
WEDNESDAY						
THURSDAY						
FRIDAY						
SATURDAY						

MEAL PLANNING & GROCERY LIST

SUNDAY	MONDAY	TUESDAY	WEDNESDAY	THURSDAY	FRIDAY	SATURDAY
BREAKFAST	BREAKFAST	BREAKFAST	BREAKFAST	BREAKFAST	BREAKFAST	BREAKFAST
LUNCH	LUNCH	LUNCH	LUNCH	LUNCH	LUNCH	LUNCH
DINNER	DINNER	DINNER	DINNER	DINNER	DINNER	DINNER

BAKERY	MEAT/SEAFOOD	DAIRY
FRUIT	SPICES/CONDIMENTS	FROZEN ITEMS
VEGETABLES	DELI	OTHER

LISTS

CATEGORY:

CATEGORY:

SEIZE THE DAY!

M	T	W	T	F	S	S

SCHEDULE

5 AM	
6 AM	
7 AM	
8 AM	
9 AM	
10 AM	
11 AM	
12 PM	
1 PM	
2 PM	
3 PM	
4 PM	
5 PM	
6 PM	
7 PM	
8 PM	
9 PM	

TOP 3 GOALS

- ◼
- ◼
- ◼

TO DO

- ◼
- ◼
- ◼
- ◼
- ◼
- ◼
- ◼
- ◼
- ◼
- ◼

SEIZE THE DAY!

| M | T | W | T | F | S | S |

SCHEDULE

| 5 AM |
| 6 AM |
| 7 AM |
| 8 AM |
| 9 AM |
| 10 AM |
| 11 AM |
| 12 PM |
| 1 PM |
| 2 PM |
| 3 PM |
| 4 PM |
| 5 PM |
| 6 PM |
| 7 PM |
| 8 PM |
| 9 PM |

TOP 3 GOALS

TO DO

SEIZE THE DAY!

M	T	W	T	F	S	S

SCHEDULE

5 AM	
6 AM	
7 AM	
8 AM	
9 AM	
10 AM	
11 AM	
12 PM	
1 PM	
2 PM	
3 PM	
4 PM	
5 PM	
6 PM	
7 PM	
8 PM	
9 PM	

TOP 3 GOALS

☐

☐

☐

TO DO

☐

☐

☐

☐

☐

☐

☐

☐

☐

☐

SEIZE THE DAY!

M	T	W	T	F	S	S

SCHEDULE

5 AM	
6 AM	
7 AM	
8 AM	
9 AM	
10 AM	
11 AM	
12 PM	
1 PM	
2 PM	
3 PM	
4 PM	
5 PM	
6 PM	
7 PM	
8 PM	
9 PM	

TOP 3 GOALS

TO DO

SEIZE THE DAY!

M	T	W	T	F	S	S

SCHEDULE

5 AM	
6 AM	
7 AM	
8 AM	
9 AM	
10 AM	
11 AM	
12 PM	
1 PM	
2 PM	
3 PM	
4 PM	
5 PM	
6 PM	
7 PM	
8 PM	
9 PM	

TOP 3 GOALS

TO DO

SEIZE THE DAY!

M T W T F S S

| 5 AM |
| 6 AM |
| 7 AM |
| 8 AM |
| 9 AM |
| 10 AM |
| 11 AM |
| 12 PM |
| 1 PM |
| 2 PM |
| 3 PM |
| 4 PM |
| 5 PM |
| 6 PM |
| 7 PM |
| 8 PM |
| 9 PM |

TOP 3 GOALS

■

■

■

TO DO

- ■
- ■
- ■
- ■
- ■
- ■
- ■
- ■
- ■
- ■

SEIZE THE DAY!

| M | T | W | T | F | S | S |

SCHEDULE

| 5 AM |
| 6 AM |
| 7 AM |
| 8 AM |
| 9 AM |
| 10 AM |
| 11 AM |
| 12 PM |
| 1 PM |
| 2 PM |
| 3 PM |
| 4 PM |
| 5 PM |
| 6 PM |
| 7 PM |
| 8 PM |
| 9 PM |

TOP 3 GOALS

TO DO

WEEK AT A GLANCE

MONTH

WEEK

M

T

W

T

F

S

S

GOAL 1

GOAL 2

GOAL 3

MY TO DO LIST

HEALTH & FITNESS

MY HEALTH GOAL THIS WEEK:	MONTH		WEEK	

	BREAKFAST	LUNCH	DINNER	EXERCISE	VITAMINS	WATER
SUNDAY						
MONDAY						
TUESDAY						
WEDNESDAY						
THURSDAY						
FRIDAY						
SATURDAY						

MEAL PLANNING
& GROCERY LIST

SUNDAY	MONDAY	TUESDAY	WEDNESDAY	THURSDAY	FRIDAY	SATURDAY
BREAKFAST	BREAKFAST	BREAKFAST	BREAKFAST	BREAKFAST	BREAKFAST	BREAKFAST
LUNCH	LUNCH	LUNCH	LUNCH	LUNCH	LUNCH	LUNCH
DINNER	DINNER	DINNER	DINNER	DINNER	DINNER	DINNER

BAKERY	MEAT/SEAFOOD	DAIRY
FRUIT	SPICES/CONDIMENTS	FROZEN ITEMS
VEGETABLES	DELI	OTHER

LISTS

SEIZE THE DAY!

M	T	W	T	F	S	S

SCHEDULE

| 5 AM |
| 6 AM |
| 7 AM |
| 8 AM |
| 9 AM |
| 10 AM |
| 11 AM |
| 12 PM |
| 1 PM |
| 2 PM |
| 3 PM |
| 4 PM |
| 5 PM |
| 6 PM |
| 7 PM |
| 8 PM |
| 9 PM |

TOP 3 GOALS

■

■

■

TO DO

- ■
- ■
- ■
- ■
- ■
- ■
- ■
- ■
- ■
- ■

SEIZE THE DAY!

M	T	W	T	F	S	S

SCHEDULE

5 AM
6 AM
7 AM
8 AM
9 AM
10 AM
11 AM
12 PM
1 PM
2 PM
3 PM
4 PM
5 PM
6 PM
7 PM
8 PM
9 PM

TOP 3 GOALS

- [ ]
- [ ]
- [ ]

TO DO

- [ ]
- [ ]
- [ ]
- [ ]
- [ ]
- [ ]
- [ ]
- [ ]
- [ ]
- [ ]

SEIZE THE DAY!

M T W T F S S

SCHEDULE

5 AM	
6 AM	
7 AM	
8 AM	
9 AM	
10 AM	
11 AM	
12 PM	
1 PM	
2 PM	
3 PM	
4 PM	
5 PM	
6 PM	
7 PM	
8 PM	
9 PM	

TOP 3 GOALS

☐

☐

☐

TO DO

☐

☐

☐

☐

☐

☐

☐

☐

☐

☐

SEIZE THE DAY!

| M | T | W | T | F | S | S |

TOP 3 GOALS

| 5 AM |
| 6 AM |
| 7 AM |
| 8 AM |
| 9 AM |
| 10 AM |
| 11 AM |
| 12 PM |
| 1 PM |
| 2 PM |
| 3 PM |
| 4 PM |
| 5 PM |
| 6 PM |
| 7 PM |
| 8 PM |
| 9 PM |

TO DO

SEIZE THE DAY!

| M | T | W | T | F | S | S |

SCHEDULE

| 5 AM |
| 6 AM |
| 7 AM |
| 8 AM |
| 9 AM |
| 10 AM |
| 11 AM |
| 12 PM |
| 1 PM |
| 2 PM |
| 3 PM |
| 4 PM |
| 5 PM |
| 6 PM |
| 7 PM |
| 8 PM |
| 9 PM |

TOP 3 GOALS

TO DO

SEIZE THE DAY!

M	T	W	T	F	S	S

SCHEDULE

5 AM	
6 AM	
7 AM	
8 AM	
9 AM	
10 AM	
11 AM	
12 PM	
1 PM	
2 PM	
3 PM	
4 PM	
5 PM	
6 PM	
7 PM	
8 PM	
9 PM	

TOP 3 GOALS

TO DO

SEIZE THE DAY!

	M	T	W	T	F	S	S	

SCHEDULE

5 AM
6 AM
7 AM
8 AM
9 AM
10 AM
11 AM
12 PM
1 PM
2 PM
3 PM
4 PM
5 PM
6 PM
7 PM
8 PM
9 PM

TOP 3 GOALS

TO DO

WEEK AT A GLANCE

MONTH

WEEK

M

T

W

T

F

S

S

GOAL 1

GOAL 2

GOAL 3

MY TO DO LIST

HEALTH & FITNESS

MY HEALTH GOAL THIS WEEK:

MONTH

WEEK

	BREAKFAST	LUNCH	DINNER	EXERCISE	VITAMINS	WATER
SUNDAY						
MONDAY						
TUESDAY						
WEDNESDAY						
THURSDAY						
FRIDAY						
SATURDAY						

MEAL PLANNING
& GROCERY LIST

SUNDAY	MONDAY	TUESDAY	WEDNESDAY	THURSDAY	FRIDAY	SATURDAY
BREAKFAST	BREAKFAST	BREAKFAST	BREAKFAST	BREAKFAST	BREAKFAST	BREAKFAST
LUNCH	LUNCH	LUNCH	LUNCH	LUNCH	LUNCH	LUNCH
DINNER	DINNER	DINNER	DINNER	DINNER	DINNER	DINNER

BAKERY	MEAT/SEAFOOD	DAIRY
FRUIT	SPICES/CONDIMENTS	FROZEN ITEMS
VEGETABLES	DELI	OTHER

LISTS

CATEGORY:

CATEGORY:

SEIZE THE DAY!

| M | T | W | T | F | S | S |

SCHEDULE

5 AM	
6 AM	
7 AM	
8 AM	
9 AM	
10 AM	
11 AM	
12 PM	
1 PM	
2 PM	
3 PM	
4 PM	
5 PM	
6 PM	
7 PM	
8 PM	
9 PM	

TOP 3 GOALS

- ■
- ■
- ■

TO DO

- ■
- ■
- ■
- ■
- ■
- ■
- ■
- ■
- ■
- ■

SEIZE THE DAY!

M T W T F S S

SCHEDULE

5 AM	
6 AM	
7 AM	
8 AM	
9 AM	
10 AM	
11 AM	
12 PM	
1 PM	
2 PM	
3 PM	
4 PM	
5 PM	
6 PM	
7 PM	
8 PM	
9 PM	

TOP 3 GOALS

TO DO

SEIZE THE DAY!

M   T   W   T   F   S   S

SCHEDULE

5 AM	
6 AM	
7 AM	
8 AM	
9 AM	
10 AM	
11 AM	
12 PM	
1 PM	
2 PM	
3 PM	
4 PM	
5 PM	
6 PM	
7 PM	
8 PM	
9 PM	

TOP 3 GOALS

TO DO

SEIZE THE DAY!

M T W T F S S

SCHEDULE

5 AM	
6 AM	
7 AM	
8 AM	
9 AM	
10 AM	
11 AM	
12 PM	
1 PM	
2 PM	
3 PM	
4 PM	
5 PM	
6 PM	
7 PM	
8 PM	
9 PM	

TOP 3 GOALS

TO DO

SEIZE THE DAY!

M T W T F S S

SCHEDULE

5 AM
6 AM
7 AM
8 AM
9 AM
10 AM
11 AM
12 PM
1 PM
2 PM
3 PM
4 PM
5 PM
6 PM
7 PM
8 PM
9 PM

TOP 3 GOALS

- ☐
- ☐
- ☐

TO DO

- ☐
- ☐
- ☐
- ☐
- ☐
- ☐
- ☐
- ☐
- ☐
- ☐

SEIZE THE DAY!

| M | T | W | T | F | S | S |

SCHEDULE

| 5 AM |
| 6 AM |
| 7 AM |
| 8 AM |
| 9 AM |
| 10 AM |
| 11 AM |
| 12 PM |
| 1 PM |
| 2 PM |
| 3 PM |
| 4 PM |
| 5 PM |
| 6 PM |
| 7 PM |
| 8 PM |
| 9 PM |

TOP 3 GOALS

TO DO

SEIZE THE DAY!

| M | T | W | T | F | S | S |

SCHEDULE

| TOP 3 GOALS |

| 5 AM |
| 6 AM |
| 7 AM |
| 8 AM |
| 9 AM |
| 10 AM |
| 11 AM |
| 12 PM |
| 1 PM |
| 2 PM |
| 3 PM |
| 4 PM |
| 5 PM |
| 6 PM |
| 7 PM |
| 8 PM |
| 9 PM |

TO DO

WORKFLOW

CATEGORY	DAILY	WEEKLY	MONTHLY	YEARLY

MONTHLY CALENDAR

MONTH

SUN	MON	TUE	WED	THU	FRI	SAT

IMPORTANT DATE	IMPORTANT DATE	IMPORTANT DATE

MONTHLY
OVERVIEW

GOAL:

- ■
- ■
- ■
- ■

MONTH:

S	M	T	W	T	F	S

GOAL:

- ■
- ■
- ■
- ■

THIS MONTH'S INSPIRATION:

GOAL:

- ■
- ■
- ■
- ■

- ■
- ■
- ■
- ■
- ■
- ■
- ■
- ■

GOAL:

- ■
- ■
- ■

HABIT TRACKER

WEEK 1

	M	T	W	T	F	S	S

WEEK 2

	M	T	W	T	F	S	S

WEEK 3

	M	T	W	T	F	S	S

WEEK 4

	M	T	W	T	F	S	S

FINANCIAL SNAPSHOT

YEAR

JANUARY

GOAL:

REVENUE:

EXPENSES:

FEBRUARY

GOAL:

REVENUE:

EXPENSES:

MARCH

GOAL:

REVENUE:

EXPENSES:

APRIL

GOAL:

REVENUE:

EXPENSES:

MAY

GOAL:

REVENUE:

EXPENSES:

JUNE

GOAL:

REVENUE:

EXPENSES:

JULY

GOAL:

REVENUE:

EXPENSES:

AUGUST

GOAL:

REVENUE:

EXPENSES:

SEPTEMBER

GOAL:

REVENUE:

EXPENSES:

OCTOBER

GOAL:

REVENUE:

EXPENSES:

NOVEMBER

GOAL:

REVENUE:

EXPENSES:

DECEMBER

GOAL:

REVENUE:

EXPENSES:

BUDGET
TRACKER

INCOME	ESTIMATE	ACTUAL

EXPENSES	ESTIMATE	ACTUAL

REVENUE TRACKER

MONTH		MONEY GOAL	

DATE	SOURCE	DESCRIPTION	AMOUNT

EXPENSE TRACKER

MONTH

MONEY GOAL

DATE	SOURCE	DESCRIPTION	AMOUNT

EXPENSE
TRACKER

DATE	SOURCE	DESCRIPTION	AMOUNT

WEEK AT A GLANCE

MONTH

WEEK

M

T

W

T

F

S

S

GOAL 1

GOAL 2

GOAL 3

MY TO DO LIST

HEALTH & FITNESS

MY HEALTH GOAL THIS WEEK:

MONTH

WEEK

	BREAKFAST	LUNCH	DINNER	EXERCISE	VITAMINS	WATER
SUNDAY						
MONDAY						
TUESDAY						
WEDNESDAY						
THURSDAY						
FRIDAY						
SATURDAY						

MEAL PLANNING
& GROCERY LIST

SUNDAY	MONDAY	TUESDAY	WEDNESDAY	THURSDAY	FRIDAY	SATURDAY
BREAKFAST	BREAKFAST	BREAKFAST	BREAKFAST	BREAKFAST	BREAKFAST	BREAKFAST
LUNCH	LUNCH	LUNCH	LUNCH	LUNCH	LUNCH	LUNCH
DINNER	DINNER	DINNER	DINNER	DINNER	DINNER	DINNER

BAKERY	MEAT/SEAFOOD	DAIRY
FRUIT	SPICES/CONDIMENTS	FROZEN ITEMS
VEGETABLES	DELI	OTHER

LISTS

SEIZE THE DAY!

	M T W T F S S

SCHEDULE

5 AM	
6 AM	
7 AM	
8 AM	
9 AM	
10 AM	
11 AM	
12 PM	
1 PM	
2 PM	
3 PM	
4 PM	
5 PM	
6 PM	
7 PM	
8 PM	
9 PM	

TOP 3 GOALS

TO DO

SEIZE THE DAY!

M T W T F S S

SCHEDULE

5 AM	
6 AM	
7 AM	
8 AM	
9 AM	
10 AM	
11 AM	
12 PM	
1 PM	
2 PM	
3 PM	
4 PM	
5 PM	
6 PM	
7 PM	
8 PM	
9 PM	

TOP 3 GOALS

TO DO

SEIZE THE DAY!

| M | T | W | T | F | S | S |

SCHEDULE

| TOP 3 GOALS |

| 5 AM |
| 6 AM |
| 7 AM |
| 8 AM |
| 9 AM |
| 10 AM |
| 11 AM |
| 12 PM |
| 1 PM |
| 2 PM |
| 3 PM |
| 4 PM |
| 5 PM |
| 6 PM |
| 7 PM |
| 8 PM |
| 9 PM |

TO DO

SEIZE THE DAY!

| M | T | W | T | F | S | S |

SCHEDULE

5 AM	
6 AM	
7 AM	
8 AM	
9 AM	
10 AM	
11 AM	
12 PM	
1 PM	
2 PM	
3 PM	
4 PM	
5 PM	
6 PM	
7 PM	
8 PM	
9 PM	

TOP 3 GOALS

TO DO

SEIZE THE DAY!

M	T	W	T	F	S	S

SCHEDULE

5 AM	
6 AM	
7 AM	
8 AM	
9 AM	
10 AM	
11 AM	
12 PM	
1 PM	
2 PM	
3 PM	
4 PM	
5 PM	
6 PM	
7 PM	
8 PM	
9 PM	

TOP 3 GOALS

TO DO

SEIZE THE DAY!

| M | T | W | T | F | S | S |

SCHEDULE

TOP 3 GOALS

| 5 AM |
| 6 AM |
| 7 AM |
| 8 AM |
| 9 AM |
| 10 AM |
| 11 AM |
| 12 PM |
| 1 PM |
| 2 PM |
| 3 PM |
| 4 PM |
| 5 PM |
| 6 PM |
| 7 PM |
| 8 PM |
| 9 PM |

TO DO

SEIZE THE DAY!

| M | T | W | T | F | S | S |

SCHEDULE

| TOP 3 GOALS |

| 5 AM |
| 6 AM |
| 7 AM |
| 8 AM |
| 9 AM |
| 10 AM |
| 11 AM |
| 12 PM |
| 1 PM |
| 2 PM |
| 3 PM |
| 4 PM |
| 5 PM |
| 6 PM |
| 7 PM |
| 8 PM |
| 9 PM |

TO DO

WEEK AT A GLANCE

MONTH _____ **WEEK** _____

| M |
| T |
| W |
| T |
| F |
| S |
| S |

GOAL 1

GOAL 2

GOAL 3

MY TO DO LIST

HEALTH & FITNESS

MY HEALTH GOAL THIS WEEK:	MONTH		WEEK	

	BREAKFAST	LUNCH	DINNER	EXERCISE	VITAMINS	WATER
SUNDAY						
MONDAY						
TUESDAY						
WEDNESDAY						
THURSDAY						
FRIDAY						
SATURDAY						

MEAL PLANNING & GROCERY LIST

SUNDAY	MONDAY	TUESDAY	WEDNESDAY	THURSDAY	FRIDAY	SATURDAY
BREAKFAST	BREAKFAST	BREAKFAST	BREAKFAST	BREAKFAST	BREAKFAST	BREAKFAST
LUNCH	LUNCH	LUNCH	LUNCH	LUNCH	LUNCH	LUNCH
DINNER	DINNER	DINNER	DINNER	DINNER	DINNER	DINNER

BAKERY	MEAT/SEAFOOD	DAIRY
FRUIT	SPICES/CONDIMENTS	FROZEN ITEMS
VEGETABLES	DELI	OTHER

LISTS

CATEGORY:

CATEGORY:

SEIZE THE DAY!

M	T	W	T	F	S	S

SCHEDULE

5 AM	
6 AM	
7 AM	
8 AM	
9 AM	
10 AM	
11 AM	
12 PM	
1 PM	
2 PM	
3 PM	
4 PM	
5 PM	
6 PM	
7 PM	
8 PM	
9 PM	

TOP 3 GOALS

- [ ]
- [ ]
- [ ]

TO DO

- [ ]
- [ ]
- [ ]
- [ ]
- [ ]
- [ ]
- [ ]
- [ ]
- [ ]
- [ ]

SEIZE THE DAY!

| M | T | W | T | F | S | S |

SCHEDULE

| 5 AM |
| 6 AM |
| 7 AM |
| 8 AM |
| 9 AM |
| 10 AM |
| 11 AM |
| 12 PM |
| 1 PM |
| 2 PM |
| 3 PM |
| 4 PM |
| 5 PM |
| 6 PM |
| 7 PM |
| 8 PM |
| 9 PM |

TOP 3 GOALS

TO DO

SEIZE THE DAY!

M T W T F S S

SCHEDULE

TOP 3 GOALS

| 5 AM |
| 6 AM |
| 7 AM |
| 8 AM |
| 9 AM |
| 10 AM |
| 11 AM |
| 12 PM |
| 1 PM |
| 2 PM |
| 3 PM |
| 4 PM |
| 5 PM |
| 6 PM |
| 7 PM |
| 8 PM |
| 9 PM |

TO DO

SEIZE THE DAY!

M	T	W	T	F	S	S

SCHEDULE

TOP 3 GOALS

5 AM
6 AM
7 AM
8 AM
9 AM
10 AM
11 AM
12 PM
1 PM
2 PM
3 PM
4 PM
5 PM
6 PM
7 PM
8 PM
9 PM

TO DO

SEIZE THE DAY!

M	T	W	T	F	S	S

SCHEDULE

5 A M
6 A M
7 A M
8 A M
9 A M
10 A M
11 A M
12 P M
1 P M
2 P M
3 P M
4 P M
5 P M
6 P M
7 P M
8 P M
9 P M

TOP 3 GOALS

TO DO

SEIZE THE DAY!

| | M T W T F S S |

SCHEDULE

5 AM
6 AM
7 AM
8 AM
9 AM
10 AM
11 AM
12 PM
1 PM
2 PM
3 PM
4 PM
5 PM
6 PM
7 PM
8 PM
9 PM

TOP 3 GOALS

- [ ]
- [ ]
- [ ]

TO DO

- [ ]
- [ ]
- [ ]
- [ ]
- [ ]
- [ ]
- [ ]
- [ ]
- [ ]
- [ ]

SEIZE THE DAY!

| M | T | W | T | F | S | S |

SCHEDULE

5 AM
6 AM
7 AM
8 AM
9 AM
10 AM
11 AM
12 PM
1 PM
2 PM
3 PM
4 PM
5 PM
6 PM
7 PM
8 PM
9 PM

TOP 3 GOALS

TO DO

WEEK AT A GLANCE

MONTH

WEEK

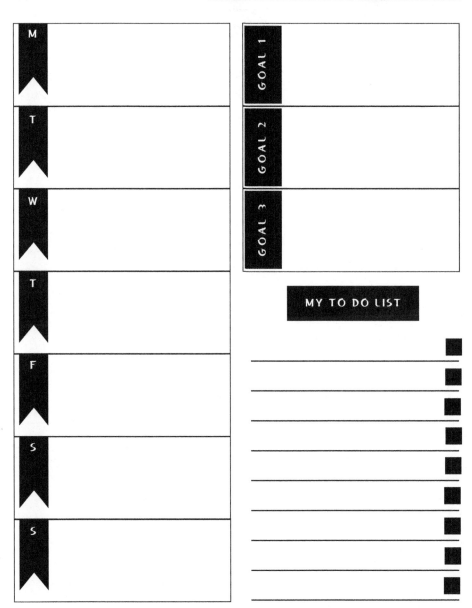

M

T

W

T

F

S

S

GOAL 1

GOAL 2

GOAL 3

MY TO DO LIST

HEALTH & FITNESS

MY HEALTH GOAL THIS WEEK:

MONTH

WEEK

	BREAKFAST	LUNCH	DINNER	EXERCISE	VITAMINS	WATER
SUNDAY						
MONDAY						
TUESDAY						
WEDNESDAY						
THURSDAY						
FRIDAY						
SATURDAY						

MEAL PLANNING
& GROCERY LIST

SUNDAY	MONDAY	TUESDAY	WEDNESDAY	THURSDAY	FRIDAY	SATURDAY
BREAKFAST	BREAKFAST	BREAKFAST	BREAKFAST	BREAKFAST	BREAKFAST	BREAKFAST
LUNCH	LUNCH	LUNCH	LUNCH	LUNCH	LUNCH	LUNCH
DINNER	DINNER	DINNER	DINNER	DINNER	DINNER	DINNER

BAKERY	MEAT/SEAFOOD	DAIRY
FRUIT	SPICES/CONDIMENTS	FROZEN ITEMS
VEGETABLES	DELI	OTHER

LISTS

SEIZE THE DAY!

M	T	W	T	F	S	S

SCHEDULE

5 AM	
6 AM	
7 AM	
8 AM	
9 AM	
10 AM	
11 AM	
12 PM	
1 PM	
2 PM	
3 PM	
4 PM	
5 PM	
6 PM	
7 PM	
8 PM	
9 PM	

TOP 3 GOALS

TO DO

SEIZE THE DAY!

M	T	W	T	F	S	S

SCHEDULE

5 AM
6 AM
7 AM
8 AM
9 AM
10 AM
11 AM
12 PM
1 PM
2 PM
3 PM
4 PM
5 PM
6 PM
7 PM
8 PM
9 PM

TOP 3 GOALS

TO DO

SEIZE THE DAY!

| M | T | W | T | F | S | S |

SCHEDULE

TOP 3 GOALS

Time	
5 AM	
6 AM	
7 AM	
8 AM	
9 AM	
10 AM	
11 AM	
12 PM	
1 PM	
2 PM	
3 PM	
4 PM	
5 PM	
6 PM	
7 PM	
8 PM	
9 PM	

TO DO

SEIZE THE DAY!

M	T	W	T	F	S	S

SCHEDULE

5 AM	
6 AM	
7 AM	
8 AM	
9 AM	
10 AM	
11 AM	
12 PM	
1 PM	
2 PM	
3 PM	
4 PM	
5 PM	
6 PM	
7 PM	
8 PM	
9 PM	

TOP 3 GOALS

- [ ]
- [ ]
- [ ]

TO DO

- [ ]
- [ ]
- [ ]
- [ ]
- [ ]
- [ ]
- [ ]
- [ ]
- [ ]
- [ ]

SEIZE THE DAY!

M	T	W	T	F	S	S

SCHEDULE

5 AM
6 AM
7 AM
8 AM
9 AM
10 AM
11 AM
12 PM
1 PM
2 PM
3 PM
4 PM
5 PM
6 PM
7 PM
8 PM
9 PM

TOP 3 GOALS

- ■
- ■
- ■

TO DO

- ■
- ■
- ■
- ■
- ■
- ■
- ■
- ■
- ■
- ■

SEIZE THE DAY!

M	T	W	T	F	S	S

SCHEDULE

5 AM	
6 AM	
7 AM	
8 AM	
9 AM	
10 AM	
11 AM	
12 PM	
1 PM	
2 PM	
3 PM	
4 PM	
5 PM	
6 PM	
7 PM	
8 PM	
9 PM	

TOP 3 GOALS

☐

☐

☐

TO DO

- ☐
- ☐
- ☐
- ☐
- ☐
- ☐
- ☐
- ☐
- ☐
- ☐

SEIZE THE DAY!

| M | T | W | T | F | S | S |

SCHEDULE

| 5 AM |
| 6 AM |
| 7 AM |
| 8 AM |
| 9 AM |
| 10 AM |
| 11 AM |
| 12 PM |
| 1 PM |
| 2 PM |
| 3 PM |
| 4 PM |
| 5 PM |
| 6 PM |
| 7 PM |
| 8 PM |
| 9 PM |

TOP 3 GOALS

TO DO

WEEK AT
A GLANCE

MONTH | | **WEEK**

M ▼

T ▼

W ▼

T ▼

F ▼

S ▼

S ▼

GOAL 1

GOAL 2

GOAL 3

MY TO DO LIST

■
■
■
■
■
■
■
■
■

HEALTH & FITNESS

MY HEALTH GOAL THIS WEEK:	MONTH		WEEK	

	BREAKFAST	LUNCH	DINNER	EXERCISE	VITAMINS	WATER
SUNDAY						
MONDAY						
TUESDAY						
WEDNESDAY						
THURSDAY						
FRIDAY						
SATURDAY						

MEAL PLANNING
& GROCERY LIST

SUNDAY	MONDAY	TUESDAY	WEDNESDAY	THURSDAY	FRIDAY	SATURDAY
BREAKFAST	BREAKFAST	BREAKFAST	BREAKFAST	BREAKFAST	BREAKFAST	BREAKFAST
LUNCH	LUNCH	LUNCH	LUNCH	LUNCH	LUNCH	LUNCH
DINNER	DINNER	DINNER	DINNER	DINNER	DINNER	DINNER

BAKERY	MEAT/SEAFOOD	DAIRY
FRUIT	SPICES/CONDIMENTS	FROZEN ITEMS
VEGETABLES	DELI	OTHER

LISTS

CATEGORY:

CATEGORY:

SEIZE THE DAY!

| M | T | W | T | F | S | S |

SCHEDULE

| 5 AM |
| 6 AM |
| 7 AM |
| 8 AM |
| 9 AM |
| 10 AM |
| 11 AM |
| 12 PM |
| 1 PM |
| 2 PM |
| 3 PM |
| 4 PM |
| 5 PM |
| 6 PM |
| 7 PM |
| 8 PM |
| 9 PM |

TOP 3 GOALS

TO DO

SEIZE THE DAY!

M	T	W	T	F	S	S

SCHEDULE

TOP 3 GOALS

5 AM
6 AM
7 AM
8 AM
9 AM
10 AM
11 AM
12 PM
1 PM
2 PM
3 PM
4 PM
5 PM
6 PM
7 PM
8 PM
9 PM

TO DO

SEIZE THE DAY!

M	T	W	T	F	S	S

SCHEDULE

5 AM	
6 AM	
7 AM	
8 AM	
9 AM	
10 AM	
11 AM	
12 PM	
1 PM	
2 PM	
3 PM	
4 PM	
5 PM	
6 PM	
7 PM	
8 PM	
9 PM	

TOP 3 GOALS

TO DO

SEIZE THE DAY!

M	T	W	T	F	S	S

SCHEDULE

5 A M	
6 A M	
7 A M	
8 A M	
9 A M	
10 A M	
11 A M	
12 P M	
1 P M	
2 P M	
3 P M	
4 P M	
5 P M	
6 P M	
7 P M	
8 P M	
9 P M	

TOP 3 GOALS

TO DO

SEIZE THE DAY!

M	T	W	T	F	S	S

SCHEDULE

5 A M	
6 A M	
7 A M	
8 A M	
9 A M	
10 A M	
11 A M	
12 P M	
1 P M	
2 P M	
3 P M	
4 P M	
5 P M	
6 P M	
7 P M	
8 P M	
9 P M	

TOP 3 GOALS

TO DO

SEIZE THE DAY!

| M | T | W | T | F | S | S |

SCHEDULE

5 AM	
6 AM	
7 AM	
8 AM	
9 AM	
10 AM	
11 AM	
12 PM	
1 PM	
2 PM	
3 PM	
4 PM	
5 PM	
6 PM	
7 PM	
8 PM	
9 PM	

TOP 3 GOALS

- ■
- ■
- ■

TO DO

- ■
- ■
- ■
- ■
- ■
- ■
- ■
- ■
- ■
- ■

SEIZE THE DAY!

M T W T F S S

SCHEDULE

5 AM	
6 AM	
7 AM	
8 AM	
9 AM	
10 AM	
11 AM	
12 PM	
1 PM	
2 PM	
3 PM	
4 PM	
5 PM	
6 PM	
7 PM	
8 PM	
9 PM	

TOP 3 GOALS

TO DO

WEEK AT A GLANCE

MONTH		WEEK	

M

T

W

T

F

S

S

GOAL 1

GOAL 2

GOAL 3

MY TO DO LIST

HEALTH & FITNESS

MY HEALTH GOAL THIS WEEK:

MONTH

WEEK

	BREAKFAST	LUNCH	DINNER	EXERCISE	VITAMINS	WATER
SUNDAY						
MONDAY						
TUESDAY						
WEDNESDAY						
THURSDAY						
FRIDAY						
SATURDAY						

MEAL PLANNING
& GROCERY LIST

SUNDAY	MONDAY	TUESDAY	WEDNESDAY	THURSDAY	FRIDAY	SATURDAY
BREAKFAST	BREAKFAST	BREAKFAST	BREAKFAST	BREAKFAST	BREAKFAST	BREAKFAST
LUNCH	LUNCH	LUNCH	LUNCH	LUNCH	LUNCH	LUNCH
DINNER	DINNER	DINNER	DINNER	DINNER	DINNER	DINNER

BAKERY	MEAT/SEAFOOD	DAIRY
FRUIT	SPICES/CONDIMENTS	FROZEN ITEMS
VEGETABLES	DELI	OTHER

LISTS

CATEGORY:

CATEGORY:

SEIZE THE DAY!

	M	T	W	T	F	S	S

SCHEDULE

5 AM	
6 AM	
7 AM	
8 AM	
9 AM	
10 AM	
11 AM	
12 PM	
1 PM	
2 PM	
3 PM	
4 PM	
5 PM	
6 PM	
7 PM	
8 PM	
9 PM	

TOP 3 GOALS

TO DO

SEIZE THE DAY!

M	T	W	T	F	S	S

SCHEDULE

5 AM	
6 AM	
7 AM	
8 AM	
9 AM	
10 AM	
11 AM	
12 PM	
1 PM	
2 PM	
3 PM	
4 PM	
5 PM	
6 PM	
7 PM	
8 PM	
9 PM	

TOP 3 GOALS

TO DO

SEIZE THE DAY!

M T W T F S S	

SCHEDULE

5 AM	
6 AM	
7 AM	
8 AM	
9 AM	
10 AM	
11 AM	
12 PM	
1 PM	
2 PM	
3 PM	
4 PM	
5 PM	
6 PM	
7 PM	
8 PM	
9 PM	

TOP 3 GOALS

TO DO

SEIZE THE DAY!

| M | T | W | T | F | S | S |

SCHEDULE

| 5 AM |
| 6 AM |
| 7 AM |
| 8 AM |
| 9 AM |
| 10 AM |
| 11 AM |
| 12 PM |
| 1 PM |
| 2 PM |
| 3 PM |
| 4 PM |
| 5 PM |
| 6 PM |
| 7 PM |
| 8 PM |
| 9 PM |

TOP 3 GOALS

TO DO

SEIZE THE DAY!

| M | T | W | T | F | S | S |

SCHEDULE

| 5 AM |
| 6 AM |
| 7 AM |
| 8 AM |
| 9 AM |
| 10 AM |
| 11 AM |
| 12 PM |
| 1 PM |
| 2 PM |
| 3 PM |
| 4 PM |
| 5 PM |
| 6 PM |
| 7 PM |
| 8 PM |
| 9 PM |

TOP 3 GOALS

TO DO

SEIZE THE DAY!

| M | T | W | T | F | S | S |

SCHEDULE

TOP 3 GOALS

Time	
5 AM	
6 AM	
7 AM	
8 AM	
9 AM	
10 AM	
11 AM	
12 PM	
1 PM	
2 PM	
3 PM	
4 PM	
5 PM	
6 PM	
7 PM	
8 PM	
9 PM	

TO DO

SEIZE THE DAY!

M	T	W	T	F	S	S

SCHEDULE

TOP 3 GOALS

5 AM
6 AM
7 AM
8 AM
9 AM
10 AM
11 AM
12 PM
1 PM
2 PM
3 PM
4 PM
5 PM
6 PM
7 PM
8 PM
9 PM

TO DO

WORKFLOW

CATEGORY	DAILY	WEEKLY	MONTHLY	YEARLY

MONTHLY CALENDAR

MONTH

SUN	MON	TUE	WED	THU	FRI	SAT

IMPORTANT DATE	IMPORTANT DATE	IMPORTANT DATE

MONTHLY OVERVIEW

MONTH:

S	M	T	W	T	F	S

THIS MONTH'S INSPIRATION:

GOAL:

GOAL:

GOAL:

GOAL:

HABIT
TRACKER

MONTH

	M	T	W	T	F	S	S

WEEK 1

	M	T	W	T	F	S	S

WEEK 2

	M	T	W	T	F	S	S

WEEK 3

	M	T	W	T	F	S	S

WEEK 4

FINANCIAL SNAPSHOT

YEAR

JANUARY

GOAL:

REVENUE:

EXPENSES:

FEBRUARY

GOAL:

REVENUE:

EXPENSES:

MARCH

GOAL:

REVENUE:

EXPENSES:

APRIL

GOAL:

REVENUE:

EXPENSES:

MAY

GOAL:

REVENUE:

EXPENSES:

JUNE

GOAL:

REVENUE:

EXPENSES:

JULY

GOAL:

REVENUE:

EXPENSES:

AUGUST

GOAL:

REVENUE:

EXPENSES:

SEPTEMBER

GOAL:

REVENUE:

EXPENSES:

OCTOBER

GOAL:

REVENUE:

EXPENSES:

NOVEMBER

GOAL:

REVENUE:

EXPENSES:

DECEMBER

GOAL:

REVENUE:

EXPENSES:

BUDGET
TRACKER

MONTH		BUDGET GOAL	

INCOME	ESTIMATE	ACTUAL

EXPENSES	ESTIMATE	ACTUAL

REVENUE TRACKER

 MONTH

 MONEY GOAL

DATE	SOURCE	DESCRIPTION	AMOUNT

EXPENSE TRACKER

MONTH		MONEY GOAL	

DATE	SOURCE	DESCRIPTION	AMOUNT

EXPENSE
TRACKER

 MONTH

 MONEY GOAL

DATE	SOURCE	DESCRIPTION	AMOUNT

WEEK AT A GLANCE

MONTH		WEEK	

M

T

W

T

F

S

S

GOAL 1

GOAL 2

GOAL 3

MY TO DO LIST

- [ ]
- [ ]
- [ ]
- [ ]
- [ ]
- [ ]
- [ ]
- [ ]
- [ ]

HEALTH & FITNESS

MY HEALTH GOAL THIS WEEK:

MONTH

WEEK

	BREAKFAST	LUNCH	DINNER	EXERCISE	VITAMINS	WATER
SUNDAY						
MONDAY						
TUESDAY						
WEDNESDAY						
THURSDAY						
FRIDAY						
SATURDAY						

MEAL PLANNING
& GROCERY LIST

SUNDAY	MONDAY	TUESDAY	WEDNESDAY	THURSDAY	FRIDAY	SATURDAY
BREAKFAST	BREAKFAST	BREAKFAST	BREAKFAST	BREAKFAST	BREAKFAST	BREAKFAST
LUNCH	LUNCH	LUNCH	LUNCH	LUNCH	LUNCH	LUNCH
DINNER	DINNER	DINNER	DINNER	DINNER	DINNER	DINNER

BAKERY	MEAT/SEAFOOD	DAIRY
FRUIT	SPICES/CONDIMENTS	FROZEN ITEMS
VEGETABLES	DELI	OTHER

LISTS

SEIZE THE DAY!

M	T	W	T	F	S	S

SCHEDULE

5 AM	
6 AM	
7 AM	
8 AM	
9 AM	
10 AM	
11 AM	
12 PM	
1 PM	
2 PM	
3 PM	
4 PM	
5 PM	
6 PM	
7 PM	
8 PM	
9 PM	

TOP 3 GOALS

TO DO

SEIZE THE DAY!

M T W T F S S

SCHEDULE

5 A M	
6 A M	
7 A M	
8 A M	
9 A M	
10 A M	
11 A M	
12 P M	
1 P M	
2 P M	
3 P M	
4 P M	
5 P M	
6 P M	
7 P M	
8 P M	
9 P M	

TOP 3 GOALS

TO DO

SEIZE THE DAY!

M T W T F S S

SCHEDULE

5 AM	
6 AM	
7 AM	
8 AM	
9 AM	
10 AM	
11 AM	
12 PM	
1 PM	
2 PM	
3 PM	
4 PM	
5 PM	
6 PM	
7 PM	
8 PM	
9 PM	

TOP 3 GOALS

TO DO

SEIZE THE DAY!

M T W T F S S

SCHEDULE

5 AM	
6 AM	
7 AM	
8 AM	
9 AM	
10 AM	
11 AM	
12 PM	
1 PM	
2 PM	
3 PM	
4 PM	
5 PM	
6 PM	
7 PM	
8 PM	
9 PM	

TOP 3 GOALS

TO DO

SEIZE THE DAY!

SCHEDULE

5 AM	
6 AM	
7 AM	
8 AM	
9 AM	
10 AM	
11 AM	
12 PM	
1 PM	
2 PM	
3 PM	
4 PM	
5 PM	
6 PM	
7 PM	
8 PM	
9 PM	

TOP 3 GOALS

TO DO

SEIZE THE DAY!

M	T	W	T	F	S	S

SCHEDULE

5 AM	
6 AM	
7 AM	
8 AM	
9 AM	
10 AM	
11 AM	
12 PM	
1 PM	
2 PM	
3 PM	
4 PM	
5 PM	
6 PM	
7 PM	
8 PM	
9 PM	

TOP 3 GOALS

- [ ]
- [ ]
- [ ]

TO DO

- [ ]
- [ ]
- [ ]
- [ ]
- [ ]
- [ ]
- [ ]
- [ ]
- [ ]
- [ ]

SEIZE THE DAY!

M	T	W	T	F	S	S

SCHEDULE

	TOP 3 GOALS

5 AM	
6 AM	
7 AM	
8 AM	
9 AM	
10 AM	
11 AM	
12 PM	
1 PM	
2 PM	
3 PM	
4 PM	
5 PM	
6 PM	
7 PM	
8 PM	
9 PM	

TO DO

WEEK AT A GLANCE

MONTH

WEEK

M

T

W

T

F

S

S

GOAL 1

GOAL 2

GOAL 3

MY TO DO LIST

HEALTH & FITNESS

MY HEALTH GOAL THIS WEEK:	MONTH		WEEK	

	BREAKFAST	LUNCH	DINNER	EXERCISE	VITAMINS	WATER
SUNDAY						
MONDAY						
TUESDAY						
WEDNESDAY						
THURSDAY						
FRIDAY						
SATURDAY						

MEAL PLANNING
& GROCERY LIST

SUNDAY	MONDAY	TUESDAY	WEDNESDAY	THURSDAY	FRIDAY	SATURDAY
BREAKFAST	BREAKFAST	BREAKFAST	BREAKFAST	BREAKFAST	BREAKFAST	BREAKFAST
LUNCH	LUNCH	LUNCH	LUNCH	LUNCH	LUNCH	LUNCH
DINNER	DINNER	DINNER	DINNER	DINNER	DINNER	DINNER

BAKERY	MEAT/SEAFOOD	DAIRY
FRUIT	SPICES/CONDIMENTS	FROZEN ITEMS
VEGETABLES	DELI	OTHER

LISTS

CATEGORY:

CATEGORY:

SEIZE THE DAY!

M T W T F S S

SCHEDULE

5 A M
6 A M
7 A M
8 A M
9 A M
10 A M
11 A M
12 P M
1 P M
2 P M
3 P M
4 P M
5 P M
6 P M
7 P M
8 P M
9 P M

TOP 3 GOALS

TO DO

SEIZE THE DAY!

M T W T F S S

SCHEDULE

5 AM	
6 AM	
7 AM	
8 AM	
9 AM	
10 AM	
11 AM	
12 PM	
1 PM	
2 PM	
3 PM	
4 PM	
5 PM	
6 PM	
7 PM	
8 PM	
9 PM	

TOP 3 GOALS

TO DO

SEIZE THE DAY!

M T W T F S S

SCHEDULE

5 AM	
6 AM	
7 AM	
8 AM	
9 AM	
10 AM	
11 AM	
12 PM	
1 PM	
2 PM	
3 PM	
4 PM	
5 PM	
6 PM	
7 PM	
8 PM	
9 PM	

TOP 3 GOALS

TO DO

SEIZE THE DAY!

M	T	W	T	F	S	S

SCHEDULE

5 AM	
6 AM	
7 AM	
8 AM	
9 AM	
10 AM	
11 AM	
12 PM	
1 PM	
2 PM	
3 PM	
4 PM	
5 PM	
6 PM	
7 PM	
8 PM	
9 PM	

TOP 3 GOALS

- ◼
- ◼
- ◼

TO DO

- ◼
- ◼
- ◼
- ◼
- ◼
- ◼
- ◼
- ◼
- ◼
- ◼

SEIZE THE DAY!

| M | T | W | T | F | S | S |

SCHEDULE

5 AM	
6 AM	
7 AM	
8 AM	
9 AM	
10 AM	
11 AM	
12 PM	
1 PM	
2 PM	
3 PM	
4 PM	
5 PM	
6 PM	
7 PM	
8 PM	
9 PM	

TOP 3 GOALS

- ☐
- ☐
- ☐

TO DO

- ☐
- ☐
- ☐
- ☐
- ☐
- ☐
- ☐
- ☐
- ☐
- ☐

SEIZE THE DAY!

| M | T | W | T | F | S | S |

SCHEDULE

| 5 AM |
| 6 AM |
| 7 AM |
| 8 AM |
| 9 AM |
| 10 AM |
| 11 AM |
| 12 PM |
| 1 PM |
| 2 PM |
| 3 PM |
| 4 PM |
| 5 PM |
| 6 PM |
| 7 PM |
| 8 PM |
| 9 PM |

TOP 3 GOALS

TO DO

SEIZE THE DAY!

M	T	W	T	F	S	S

SCHEDULE

TOP 3 GOALS

5 AM
6 AM
7 AM
8 AM
9 AM
10 AM
11 AM
12 PM
1 PM
2 PM
3 PM
4 PM
5 PM
6 PM
7 PM
8 PM
9 PM

TO DO

WEEK AT A GLANCE

MONTH

WEEK

M

T

W

T

F

S

S

GOAL 1

GOAL 2

GOAL 3

MY TO DO LIST

HEALTH & FITNESS

MY HEALTH GOAL THIS WEEK:	MONTH		WEEK	

	BREAKFAST	LUNCH	DINNER	EXERCISE	VITAMINS	WATER
SUNDAY						
MONDAY						
TUESDAY						
WEDNESDAY						
THURSDAY						
FRIDAY						
SATURDAY						

MEAL PLANNING
& GROCERY LIST

SUNDAY	MONDAY	TUESDAY	WEDNESDAY	THURSDAY	FRIDAY	SATURDAY
BREAKFAST	BREAKFAST	BREAKFAST	BREAKFAST	BREAKFAST	BREAKFAST	BREAKFAST
LUNCH	LUNCH	LUNCH	LUNCH	LUNCH	LUNCH	LUNCH
DINNER	DINNER	DINNER	DINNER	DINNER	DINNER	DINNER

BAKERY	MEAT/SEAFOOD	DAIRY
FRUIT	SPICES/CONDIMENTS	FROZEN ITEMS
VEGETABLES	DELI	OTHER

LISTS

CATEGORY:

CATEGORY:

SEIZE THE DAY!

| M | T | W | T | F | S | S |

SCHEDULE

TOP 3 GOALS

| 5 AM |
| 6 AM |
| 7 AM |
| 8 AM |
| 9 AM |
| 10 AM |
| 11 AM |
| 12 PM |
| 1 PM |
| 2 PM |
| 3 PM |
| 4 PM |
| 5 PM |
| 6 PM |
| 7 PM |
| 8 PM |
| 9 PM |

TO DO

SEIZE THE DAY!

SCHEDULE

5 AM
6 AM
7 AM
8 AM
9 AM
10 AM
11 AM
12 PM
1 PM
2 PM
3 PM
4 PM
5 PM
6 PM
7 PM
8 PM
9 PM

TOP 3 GOALS

TO DO

SEIZE THE DAY!

| M | T | W | T | F | S | S |

SCHEDULE

| 5 AM |
| 6 AM |
| 7 AM |
| 8 AM |
| 9 AM |
| 10 AM |
| 11 AM |
| 12 PM |
| 1 PM |
| 2 PM |
| 3 PM |
| 4 PM |
| 5 PM |
| 6 PM |
| 7 PM |
| 8 PM |
| 9 PM |

TOP 3 GOALS

TO DO

SEIZE THE DAY!

| M | T | W | T | F | S | S |

SCHEDULE

| TOP 3 GOALS |

| 5 AM |
| 6 AM |
| 7 AM |
| 8 AM |
| 9 AM |
| 10 AM |
| 11 AM |
| 12 PM |
| 1 PM |
| 2 PM |
| 3 PM |
| 4 PM |
| 5 PM |
| 6 PM |
| 7 PM |
| 8 PM |
| 9 PM |

TO DO

SEIZE THE DAY!

M	T	W	T	F	S	S

SCHEDULE

5 A M
6 A M
7 A M
8 A M
9 A M
10 A M
11 A M
12 P M
1 P M
2 P M
3 P M
4 P M
5 P M
6 P M
7 P M
8 P M
9 P M

TOP 3 GOALS

- [ ]
- [ ]
- [ ]

TO DO

- [ ]
- [ ]
- [ ]
- [ ]
- [ ]
- [ ]
- [ ]
- [ ]
- [ ]
- [ ]

SEIZE THE DAY!

M T W T F S S

SCHEDULE

5 AM	
6 AM	
7 AM	
8 AM	
9 AM	
10 AM	
11 AM	
12 PM	
1 PM	
2 PM	
3 PM	
4 PM	
5 PM	
6 PM	
7 PM	
8 PM	
9 PM	

TOP 3 GOALS

TO DO

SEIZE THE DAY!

M	T	W	T	F	S	S

SCHEDULE

5 AM	
6 AM	
7 AM	
8 AM	
9 AM	
10 AM	
11 AM	
12 PM	
1 PM	
2 PM	
3 PM	
4 PM	
5 PM	
6 PM	
7 PM	
8 PM	
9 PM	

TOP 3 GOALS

■

■

■

TO DO

- ■
- ■
- ■
- ■
- ■
- ■
- ■
- ■
- ■
- ■

WEEK AT A GLANCE

MONTH   WEEK

M

T

W

T

F

S

S

GOAL 1

GOAL 2

GOAL 3

MY TO DO LIST

HEALTH & FITNESS

MY HEALTH GOAL THIS WEEK:	MONTH		WEEK	

	BREAKFAST	LUNCH	DINNER	EXERCISE	VITAMINS	WATER
SUNDAY						
MONDAY						
TUESDAY						
WEDNESDAY						
THURSDAY						
FRIDAY						
SATURDAY						

MEAL PLANNING
& GROCERY LIST

SUNDAY	MONDAY	TUESDAY	WEDNESDAY	THURSDAY	FRIDAY	SATURDAY
BREAKFAST	BREAKFAST	BREAKFAST	BREAKFAST	BREAKFAST	BREAKFAST	BREAKFAST
LUNCH	LUNCH	LUNCH	LUNCH	LUNCH	LUNCH	LUNCH
DINNER	DINNER	DINNER	DINNER	DINNER	DINNER	DINNER

BAKERY	MEAT/SEAFOOD	DAIRY
FRUIT	SPICES/CONDIMENTS	FROZEN ITEMS
VEGETABLES	DELI	OTHER

LISTS

CATEGORY:

CATEGORY:

SEIZE THE DAY!

	M T W T F S S

SCHEDULE

TOP 3 GOALS

5 AM	
6 AM	
7 AM	
8 AM	
9 AM	
10 AM	
11 AM	
12 PM	
1 PM	
2 PM	
3 PM	
4 PM	
5 PM	
6 PM	
7 PM	
8 PM	
9 PM	

TO DO

SEIZE THE DAY!

M	T	W	T	F	S	S

SCHEDULE

5 AM	
6 AM	
7 AM	
8 AM	
9 AM	
10 AM	
11 AM	
12 PM	
1 PM	
2 PM	
3 PM	
4 PM	
5 PM	
6 PM	
7 PM	
8 PM	
9 PM	

TOP 3 GOALS

TO DO

SEIZE THE DAY!

M T W T F S S

SCHEDULE

TOP 3 GOALS

5 AM
6 AM
7 AM
8 AM
9 AM
10 AM
11 AM
12 PM
1 PM
2 PM
3 PM
4 PM
5 PM
6 PM
7 PM
8 PM
9 PM

TO DO

SEIZE THE DAY!

M T W T F S S

SCHEDULE

5 A M	
6 A M	
7 A M	
8 A M	
9 A M	
10 A M	
11 A M	
12 P M	
1 P M	
2 P M	
3 P M	
4 P M	
5 P M	
6 P M	
7 P M	
8 P M	
9 P M	

TOP 3 GOALS

TO DO

SEIZE THE DAY!

M	T	W	T	F	S	S

SCHEDULE

5 AM	
6 AM	
7 AM	
8 AM	
9 AM	
10 AM	
11 AM	
12 PM	
1 PM	
2 PM	
3 PM	
4 PM	
5 PM	
6 PM	
7 PM	
8 PM	
9 PM	

TOP 3 GOALS

TO DO

SEIZE THE DAY!

M	T	W	T	F	S	S

SCHEDULE

5 A M	
6 A M	
7 A M	
8 A M	
9 A M	
10 A M	
11 A M	
12 P M	
1 P M	
2 P M	
3 P M	
4 P M	
5 P M	
6 P M	
7 P M	
8 P M	
9 P M	

TOP 3 GOALS

- ☐
- ☐
- ☐

TO DO

- ☐
- ☐
- ☐
- ☐
- ☐
- ☐
- ☐
- ☐
- ☐
- ☐

SEIZE THE DAY!

| M | T | W | T | F | S | S |

SCHEDULE

| 5 AM |
| 6 AM |
| 7 AM |
| 8 AM |
| 9 AM |
| 10 AM |
| 11 AM |
| 12 PM |
| 1 PM |
| 2 PM |
| 3 PM |
| 4 PM |
| 5 PM |
| 6 PM |
| 7 PM |
| 8 PM |
| 9 PM |

TOP 3 GOALS

TO DO

WEEK AT A GLANCE

MONTH		WEEK	

M

T

W

T

F

S

S

GOAL 1

GOAL 2

GOAL 3

MY TO DO LIST

- ☐
- ☐
- ☐
- ☐
- ☐
- ☐
- ☐
- ☐
- ☐

HEALTH & FITNESS

MY HEALTH GOAL THIS WEEK:	MONTH		WEEK	

	BREAKFAST	LUNCH	DINNER	EXERCISE	VITAMINS	WATER
SUNDAY						
MONDAY						
TUESDAY						
WEDNESDAY						
THURSDAY						
FRIDAY						
SATURDAY						

MEAL PLANNING
& GROCERY LIST

SUNDAY	MONDAY	TUESDAY	WEDNESDAY	THURSDAY	FRIDAY	SATURDAY
BREAKFAST	BREAKFAST	BREAKFAST	BREAKFAST	BREAKFAST	BREAKFAST	BREAKFAST
LUNCH	LUNCH	LUNCH	LUNCH	LUNCH	LUNCH	LUNCH
DINNER	DINNER	DINNER	DINNER	DINNER	DINNER	DINNER

BAKERY	MEAT/SEAFOOD	DAIRY
FRUIT	SPICES/CONDIMENTS	FROZEN ITEMS
VEGETABLES	DELI	OTHER

LISTS

CATEGORY:

CATEGORY:

SEIZE THE DAY!

M	T	W	T	F	S	S

SCHEDULE

5 AM
6 AM
7 AM
8 AM
9 AM
10 AM
11 AM
12 PM
1 PM
2 PM
3 PM
4 PM
5 PM
6 PM
7 PM
8 PM
9 PM

TOP 3 GOALS

TO DO

SEIZE THE DAY!

M T W T F S S

SCHEDULE

5 AM	
6 AM	
7 AM	
8 AM	
9 AM	
10 AM	
11 AM	
12 PM	
1 PM	
2 PM	
3 PM	
4 PM	
5 PM	
6 PM	
7 PM	
8 PM	
9 PM	

TOP 3 GOALS

TO DO

SEIZE THE DAY!

M	T	W	T	F	S	S

SCHEDULE

TOP 3 GOALS

5 A M
6 A M
7 A M
8 A M
9 A M
10 A M
11 A M
12 P M
1 P M
2 P M
3 P M
4 P M
5 P M
6 P M
7 P M
8 P M
9 P M

TO DO

SEIZE THE DAY!

| M | T | W | T | F | S | S |

SCHEDULE

| 5 AM |
| 6 AM |
| 7 AM |
| 8 AM |
| 9 AM |
| 10 AM |
| 11 AM |
| 12 PM |
| 1 PM |
| 2 PM |
| 3 PM |
| 4 PM |
| 5 PM |
| 6 PM |
| 7 PM |
| 8 PM |
| 9 PM |

TOP 3 GOALS

TO DO

SEIZE THE DAY!

M	T	W	T	F	S	S

SCHEDULE

5 AM
6 AM
7 AM
8 AM
9 AM
10 AM
11 AM
12 PM
1 PM
2 PM
3 PM
4 PM
5 PM
6 PM
7 PM
8 PM
9 PM

TOP 3 GOALS

TO DO

SEIZE THE DAY!

| M | T | W | T | F | S | S |

SCHEDULE

TOP 3 GOALS

| 5 AM |
| 6 AM |
| 7 AM |
| 8 AM |
| 9 AM |
| 10 AM |
| 11 AM |
| 12 PM |
| 1 PM |
| 2 PM |
| 3 PM |
| 4 PM |
| 5 PM |
| 6 PM |
| 7 PM |
| 8 PM |
| 9 PM |

TO DO

SEIZE THE DAY!

M	T	W	T	F	S	S

SCHEDULE

5 AM	
6 AM	
7 AM	
8 AM	
9 AM	
10 AM	
11 AM	
12 PM	
1 PM	
2 PM	
3 PM	
4 PM	
5 PM	
6 PM	
7 PM	
8 PM	
9 PM	

TOP 3 GOALS

- [ ]
- [ ]
- [ ]

TO DO

- [ ]
- [ ]
- [ ]
- [ ]
- [ ]
- [ ]
- [ ]
- [ ]
- [ ]
- [ ]

WORKFLOW

CATEGORY	DAILY	WEEKLY	MONTHLY	YEARLY

Congratulations!
You Made It!
Well Done:)

Printed in Great Britain
by Amazon